Schirner Verlag

SILVIA MARIA ENGL

Du weißt es doch schon!

INTUITION – Über den Verstand hinaus

Mit praktischen Übungen für jeden Tag

Schirner Verlag

ISBN 978-3-8434-5113-0

Silvia Maria Engl:
Du weißt es doch schon!
Intuition – Über den Verstand hinaus
Mit praktischen Übungen für jeden Tag

Umschlag: Simone Leikauf, Schirner,
unter Verwendung von # 117955945
(Irish_design), www.shutterstock.com
Layout: Anke Brunn, Schirner
Redaktion & Satz: Karin Garthaus, Schirner,
Printed by: Ren Medien GmbH, Germany

www.schirner.com

1. Auflage April 2015

Inhalt

INHALT

INHALT

Warum soll ich dieses Buch lesen?

21 Tage, um ein Leben ohne jeden Zweifel führen zu können. Geht das?

Natürlich.

Was du dazu brauchst, ist Übung und vor allen Dingen Durchhaltevermögen. Wenn du bereitwillig an dir arbeitest, kannst du auch dein Leben verändern!

Die gute Nachricht ist: Wenn du dieses Buch liest und die hier genannten Übungen konsequent umsetzt, wirst du nach drei Wochen einen deutlich klareren Zugang zu deiner eigenen Intuition haben. Und wer seine innere Stimme klar und deutlich hört, weiß in aller Regel, was zu tun ist bzw. wohin der Weg geht. So schwindet Zweifel um Zweifel.

Natürlich wird dein Verstand auch zu diesem Zeitpunkt immer noch mitmischen wollen. Kein Wunder – das durfte er bisher ja vermutlich zu einem großen Teil in deinem Leben. Doch je mehr du auf dich selbst hörst anstatt auf alte Gewohnheiten, eingeprägte Muster oder auf das, was andere dir vorbeten bzw. was die Masse denkt, desto leichter und schöner wird dein Leben – ohne Frage. Außerdem hast du immer die Möglichkeit, auf deine Lieblingsmethoden für Klarheit aus dem Programm zurückzugreifen. Frei nach dem Motto: Nach dem 21-Tage-Training ist vor der lebenslangen Anwendung! Und das ist ausschließlich positiv zu sehen.

Es gibt viele Bücher zu dem Thema Intuition auf dem Markt. Dieses hier ist keine theoretische Abhandlung oder psychologische oder esoterische Erläuterung. Vielmehr möchte ich dir mit diesem Buch einen klaren Leitfaden liefern, damit du dir selbst und deiner absoluten inneren

Weisheit in drei Wochen deutlich näher kommst. Und das bei einem Übungsaufwand von gerade einmal einer halben Stunde pro Tag! Das ist die Empfehlung für die Dauer der Übungen. Solltest du weniger Zeit haben (was faktisch bedeutet: du nimmst dir weniger Zeit), dann ist das eben so. Jede Minute, die du mit dir selbst verbringst, ist besser als gar keine.

Solltest du fleißiger sein wollen, wirst du dir damit selbst die größte Freude machen – vorausgesetzt, du nimmst dir die Zeit aus Liebe zu dir selbst und nicht, um dir mehr Druck zu machen.

Bist du noch unschlüssig, ob dieses Buch dir weiterhelfen kann?

Seien wir mal ehrlich: Wärst du in der Lage, deine innere Stimme klar und deutlich zu hören, und wüsstest du immer genau, was das Beste für dich ist, hättest du es wohl kaum in der Hand. An Zufälle glaube ich nicht. Da dir alles Denken bisher nicht weitergeholfen hat, wäre es vielleicht nun an der Zeit, etwas Neues auszuprobieren.
Wirf deine Zweifel über Bord, und gib dir und deinem Glück eine Chance! Du hast nichts zu verlieren, außer vielleicht deine Unsicherheit und die Entscheidungen, die dich nicht zu deinem Glück führen.

Da das Buch den Weg nach innen behandelt, benutze ich das Du als Anrede. Es wird dem Thema einfach gerechter. Und ich ziehe generell Herzensnähe einer vermeintlich höflichen Distanz vor.

Viel Freude auf deinem Weg zu deinem inneren Kompass! Er wird mehr als glücklich darüber sein, dass du endlich mehr und besser auf ihn hörst (hören kannst). Denn schließlich ist dein Glück ein Segen für alle Menschen, allen voran für dich selbst.

Alles (ist) Liebe.

Silvia Maria Engl

Regel 1: Folge deinem Gefühl!
Regel 2: Befolge Regel 1!
Regel 3: Falls dein Gefühl es dir sagt,
ignoriere Regel 1 und 2!

Intuition – über den Verstand hinaus

Kennst du das? Du musst eine Entscheidung treffen. Du überlegst hin und her, wägst ab und kommst zu keinem klaren Ergebnis. Wie auch? Dein Verstand kann nun einmal nicht genau wissen, was die jeweiligen Konsequenzen sein werden.

Gut, du hast gewisse Erfahrungswerte aus deinem Leben, aber die Erfahrungen aus deiner Vergangenheit gaukeln dir etwas vor. Sie geben vor, dass du aufgrund von Vergangenem wirklich wissen könntest, was dich bei der anstehenden Entscheidung als Ergebnis erwartet. Um es ganz klar zu sagen: Das kannst du allein mithilfe deines Verstandes nicht wissen. Nur weil dich bisher drei Entscheidungen zum gleichen oder zu einem ähnlichen Ergebnis geführt haben, hast du keine Garantie dafür, dass es dieses Mal wieder so kommen wird. Doch wie sehr wünschen wir uns doch diese Sicherheiten!

An bestimmten Punkten im Leben muss man sich zu Entscheidungen durchringen. Bedenke bitte, dass auch eine nicht getroffene Entscheidung eine Entscheidung ist. In diesem Fall ist sie eine Entscheidung gegen eine andere – und damit zumeist dafür, alles beim Alten zu lassen. Wir verweilen lieber in unserer unbequemen Lebenssituation, anstatt uns auf etwas Ungewisses einzulassen.

Kennst du das vielleicht? Ich bin mir sicher, dass das der Fall ist. Damit bist du auch in guter Gesellschaft – was es aber nicht besser für dich macht.

Wie kannst du nun auf einfache Art und Weise eine klare Entscheidung treffen, wenn dein Verstand nicht wissen kann, was das Beste für dich in dieser Situation ist? Ganz

einfach: Frag nicht deinen Kopf, frag dein Gefühl! Frag deine Intuition!

Unsere Intuition ist wie ein innerer Kompass, der uns mitgegeben wurde für unsere Reise auf diesem Planeten. Man könnte nun über verschiedene Lebens- und Weltansichten philosophieren. Was mich angeht, so glaube ich, dass es für jeden von uns ein paar Meilensteine gibt, die wir erreichen sollen (wieso genau auch immer). An denen kommen wir nicht vorbei. Manchmal versuchen wir mit aller Macht, sie zu umschiffen, weil wir Angst vor ihnen haben. So ein Meilenstein kann die Hochzeit mit einem besonderen Menschen sein oder auch die eigene Berufswahl. Vielleicht ist es aber auch ein ganz stiller, ein leiser Moment, der unwesentlich scheint, jedoch Auswirkungen auf dein gesamtes Leben hat, zum Beispiel deine Entscheidung, die geplante Urlaubsreise nach Italien nicht anzutreten. In jedem Fall gibt es in uns eine Stimme, die uns den Weg weist wie eine Lampe durch die Dunkelheit. Diese wispert uns in Form eines Gefühls oder eines Einfach-Wissens unaufhörlich zu, was wir tun oder lassen sollten. Ziel ist es, dass wir auf dem einfachsten und effektivsten Weg dort ankommen, wo wir hinsollen. Wobei dieses Ziel auch mal etwas sein kann, was nicht sonderlich bequem wirkt, aber für unsere Entwicklung eben wichtig ist, beispielsweise eine bestimmte Krankheit.

Aus menschlicher Sicht ist das eine Perspektive zum Haareraufen, und manche macht diese Sichtweise auch zornig. Sie fühlen sich vielleicht vom Schicksal benachteiligt.
Ich spreche dabei aus eigener Erfahrung. Wer mich heute erlebt, meint, mir wäre nie irgendetwas Schlimmes zugestoßen, weil es so scheint, als würde mir alles nur so zufliegen. Dem ist nicht so. Ich habe sogenannte Schicksalsschläge erlebt, und das war wirklich nicht immer leicht. Doch irgendwie, tief in meinem Inneren, wusste ich sogar in meinen dunkelsten Stunden, dass alles seine Richtigkeit hat. Heute kann ich das auch sehen. Denn durch meine eigenen leidvollen Erfahrungen habe ich gelernt, wie man Verletzungen heilen und sich selbst immer näher kommen kann. Meine Intuition ist mir dabei eine wundervolle Hilfe.

Menschen spüren, dass ich nicht nur bloße Theorie vermittle, sondern ihren Schmerz wirklich verstehen kann. Dazu muss man meine genaue Geschichte gar nicht kennen.

Wie durch Magie, also durch Intuition, fühlen sich Menschen zu mir hingezogen, deren Lebensthemen ich ausgezeichnet kenne. So kann ich authentisch Rat geben und auch auf unsichtbarer Ebene helfen, seelisch zu heilen – und damit oftmals einhergehend auch körperlich.

Was ich Menschen dabei empfehle, ist höchst unterschiedlich. Manchmal sind das auch scheinbar kuriose Dinge wie: »Du solltest mehr weißes Gemüse essen, zum Beispiel Lauch.« Der Mann, dem ich das einmal geraten hatte, erzählte später, er habe sich daraufhin Lauch gekauft und ihn regelrecht verschlungen. Danach verschwanden seine Zipperlein – wie auch der Heißhunger nach dem Lauch. Eigentlich hätte er mich dafür nicht einmal gebraucht. Denn er hatte selbst eine tief sitzende, feinfühlige Intuition, die ihm das auch hätte raten können. Genauer gesagt tat sie das auch – nur wollte oder konnte er sich selbst nicht genug wahrnehmen.

Dinge einfach zu wissen, genau zu spüren, was uns guttut und was wir besser lassen – das tragen wir als Geburtsgeschenk in uns.
Man schaue sich nur kleine Kinder an, die einfach aufhören zu essen, wenn sie satt sind, die ein klares »Nein!« aussprechen, wenn man ihnen etwas anbietet, das sie in dem Moment nicht wollen oder nicht brauchen. Es wäre alles so einfach im Leben, wenn wir nicht irgendwann damit angefangen hätten, uns zu verbiegen, um geliebt zu werden. In dem Streben, den Eltern, den Freunden, den Kollegen zu gefallen, hörten wir auf, Dinge zu tun, die wir eigentlich gern getan hätten. Dafür taten wir Dinge, die wir im Grunde nie tun wollten. So haben wir zunehmend

vergessen, wer wir im Kern wirklich sind und was unseren ureigenen Bedürfnissen entspricht.

Das ist jedoch kein Grund, zu verzweifeln. Sieh das Leben einfach als ein Spiel. Wenn ein Kind Verstecken spielen möchte, dann braucht es eben auch einen, der sich versteckt, und einen, der sucht. Du machst im Grunde hier beides in einer Person. Du bist das eine Kind, das sich versteckt, sprich, seinen wahren Wesenskern verbirgt. Gleichzeitig bist du auf der Suche nach dir selbst, obwohl du ja die ganze Zeit da bist. Und ich bin mir absolut sicher: Du wirst dich finden! Nicht zuletzt dank deiner inneren Stimme, die dir immer wieder Hinweise dafür liefert, welcher Weg der einfachste für dich ist. Je mehr du auf dich hörst statt auf deine irreführenden Prägungen, desto leichter kannst du selbstbestimmt leben. Manches davon weiß der Verstand. Aber dieses innere Wissen, von dem ich spreche, geht weit über den Verstand hinaus. Wie könnte ich sonst wissen, was in anderen Menschen vorgeht? Wie könnte ich Fragen beantworten, obwohl mir mein Gegenüber scheinbar unbekannt ist? Und doch kenne ich ihn, da wir letztlich eben eins sind.

Das, was ich kann und lebe, ist kein exklusives Gottesgeschenk. Ich bin schon vielen Menschen begegnet, die das können. Und es werden immer mehr, die damit beginnen, ihr inneres Wissen freizulegen. Manche wollen das aber auch gar nicht. Es scheint bequemer zu sein, sich auf die Auskünfte anderer zu verlassen, als den Weg zu sich selbst zu gehen. Und auch das ist in Ordnung. Ich bin mir sicher, dass sich jeder Mensch irgendwann dazu aufmacht, die Selbstverantwortung zu suchen. Es ist nicht meine oder deine Aufgabe, den Zeitpunkt zu beurteilen. Wenn du auf deinen inneren Kompass hörst, wirst du fühlen, dass das stimmt – auch wenn uns unser Ego da manchmal etwas anderes einflüstern will.

Die Rolle des Egos in Sachen Intuition

Über das liebe Ego bzw. über 26 verschiedene Ausprägungen davon habe ich ein Buch geschrieben, das dabei hilft, sich selbst bei irreführenden »Spielen« zu ertappen und alte Verstrickungen aufzulösen.[1] Sie sind es, die zwischen dir und deiner inneren Stimme stehen. Denn wenn du, aus welchen Gründen auch immer, glaubst, dass die Welt in ihrem jetzigen Zustand nicht in Ordnung ist, bist du viel zu sehr damit beschäftigt, dein Weltbild immer wieder zu bestätigen, anstatt in dich hineinzuhorchen.

Wenn du deinen Zweifler nährst und hegst, wirst du dich immer wieder damit schwertun, auf dich zu hören. Ja, dich zu hören und dich zu fühlen. Zweifeln ist ein Gedankenmuster. Erst wenn du beginnst, dich zu spüren, dich auch auf Körperebene voll wahrzunehmen, kannst du deine Zweifel loslassen und mit einem Mal einfach und klar wissen, wohin die Reise geht. Manchmal ist das auch wörtlich zu nehmen. So habe ich 2011 eine Reise nach Hamburg

1 »Meine 26 Egos und ich – Ein Wegweiser zu mehr Lebensfreude und Selbstverwirklichung«, Schirner Verlag, Darmstadt 2014.

angetreten, die mich damals viel Geld kostete. Der Verstand hat gejammert und das Ego geklagt, was das doch für eine Geldverschwendung sei. Mein Gefühl aber sagte etwas ganz anderes. Ich bin meiner Intuition gefolgt. Auf ganz einfache Weise habe ich dadurch den Grundstein für meine Schriftstellerkarriere gelegt, die mir zweifelsfrei vorherbestimmt war. Ich zweifle nicht daran, dass es nicht auch einen anderen Weg gegeben hätte. Dieser Weg aber war leicht, hat Spaß gemacht und fühlte sich nach dem »direkten« Weg an, ohne große Umwege. Das, was mein Ego damals als »Geldverschwendung« deklarierte, war letztlich eine kostengünstige Investition in meine Bestimmung, die sich schon vielfach ausgezahlt hat. Es ist eben

nicht alles so, wie es zu sein scheint. Und wer weiß, wie es wirklich ist? Nicht dein Ego. Nein, es ist deine Intuition.

Ärger dich nicht, wenn du wieder einmal auf eines deiner Egos hereingefallen bist! Sieh es als das an, was es ist: menschlich. Lerne aus deiner Erfahrung, und entscheide dich dafür, beim nächsten Mal anders zu handeln. Diese Entscheidung ist wichtig und sollte sehr bestimmt getroffen werden. Denn je öfter du dich bewusst für etwas entscheidest, desto deutlicher verankert es sich in deinem Bewusstsein. Und so wirst du es nach dem dritten, vierten, fünften Versuch eben doch einmal anders machen.

Hab Zeit und Geduld mit dir! Die Muster, die nicht deiner wahren Natur entsprechen, hast du über sehr viele Jahre hinweg gesammelt und kultiviert. So, wie Rom nicht an einem Tag erbaut wurde, reißt du es auch nicht an einem Tag ein. Es wird zunehmend leichter, egal, was dein Ego dir auch erzählen möchte. Und hab Verständnis für dein Ego – es möchte eben gern das Spiel gewinnen, das ist nun einmal seine Natur. Mach es dir vielmehr vom Feind zum Freund, und erkenne, dass auch in deinem Ego viel Potenzial steckt. Lerne, es für dich zu nutzen statt gegen dich! Dann wird es eine wertvolle Ergänzung zu deiner Intuition, die dich wunderbar leicht durch dein Leben führt, wenn du es zulässt.

Was ist der Unterschied zwischen Intuition und Eingebungen von Engeln und Co?

Gegenfrage: Ist das so wichtig, solange dich dein Gefühl an dein Ziel bringt?

Unser Verstand will immer alles verstehen. Dabei gibt es nichts zu verstehen. Es gibt etwas zu fühlen. Je mehr du dich mit dir beschäftigst, desto weniger wird es eine Rolle spielen, ob du Botschaften aus der Geistigen Welt empfangen kannst, Hellseher bist oder eine Expertin im Sternelesen. Denn da draußen gibt es nichts, was nicht schon in dir wäre. Zumindest nichts, was für dich und deinen Weg wirklich relevant ist.

Mach das, wonach dir ist! Beziehe so viele nicht sichtbare Wesen in dein Leben ein, wie du möchtest! Aber mach dich nicht davon abhängig! Kein Engel weiß mehr über dich als du selbst! Kein Geistführer kann dir etwas raten, was nicht längst in dir gespeichert wäre.

Hast du erst einmal wieder Zugang zu dir selbst und kannst dir und deinen Wahrnehmungen vertrauen, brauchst du keinen Rat »von außen« mehr. Du kannst ihn dir holen – oder es sein lassen. Es spielt nicht mehr die Rolle, die es heute für dich vielleicht noch hat. Dabei möchte ich das Wort »brauchen« betonen. Du kannst alles tun und lassen, was du möchtest.

Was für jeden Menschen aber sicherlich eine Bereicherung ist, ist, unabhängig zu sein, ein starkes, gesundes Selbstvertrauen zu haben und zu wissen, wer er ist und was er (nicht) will. Jemand, der beispielsweise zuckerabhängig ist, sollte lernen, seine Suchtmuster zu lösen. Nur jemand, der nicht süchtig ist, kann dann und wann ein Stückchen leckere Schokolade einfach genießen, ohne es zu brauchen. Das ist ein großer Unterschied. So wird es für dich wohltuend sein (und davon bin ich überzeugt), deine ureigene Kraft und dein tiefstes Wissen wiederzuentdecken und dir selbst wieder vertrauen zu lernen. Alles andere ist das Sahnehäubchen, mit dem es manchmal einfach noch ein bisschen leckerer schmeckt.

Wieso üben, wenn alles schon da ist?

Wer diese Frage zum Intuitionstraining stellt, den sollte man im Gegenzug wohl fragen: Wieso trainieren manche Menschen ihre Muskeln, obwohl sie doch schon welche haben?

Deine Intuition ist wie ein Muskel in deinem Körper. Wenn du ihn über Jahre, Jahrzehnte hinweg vernachlässigst, kann er dir nur sehr bedingt gute Dienste leisten. Daher ist es wichtig, dass du regelmäßig übst, dich wieder besser wahrzunehmen und deinen Eingebungen zu vertrauen. Wobei auch dieses Bild ein wenig hinkt. Genau genommen musst du deine Intuition nämlich nicht trainieren. Du hast eine perfekte Intuition! Natürlich ist sie da! Es liegt an dir, das Fühlen und das Vertrauen wieder zu verankern in deinem Leben. Dabei hilft: üben, üben, üben. Du darfst deine Zweifel loslassen, wieder und wieder.
Und manchmal bleibt als einzige Methode eben auch der Sprung ins kalte Wasser. Der im Übrigen auch zunehmend

leichter fallen wird. Als Kind war es für mich an heißen Sommertagen immer eine Riesenüberwindung, in das kühle Nass zu springen. War ich dann endlich darin, war es wundervoll. Und der spätere zweite Badegang war schon keine sooo große Überwindung mehr. Der dritte Sprung ins Wasser hat meist nur noch Spaß gemacht. Dieses Bild kann man gut auf unser Leben übertragen.
Egal, wie mühselig dir dein Training an manchen Tagen auch erscheinen mag: Es lohnt sich. Denn du wirst an jedem Tag deines Lebens davon profitieren. Du legst damit einen Grundstein dafür, wieder mehr Verantwortung für dich und dein Leben zu übernehmen. Das wird sich nicht immer gleich gut anfühlen, sich aber langfristig enorm auszahlen.

In diesem Sinne: Gutes Gelingen und frohes An-dir-Wirken! Du schaffst das, wenn du es wirklich willst! Daran habe ich keine Zweifel.

21 Intuitionsübungen für jeden Tag

Drei Wochen trennen dich jetzt von einem klareren Zugang zu deiner inneren Stimme. Diese drei Wochen beinhalten 21 Trainingstage mit jeweils einer halben Stunde Training. Idealerweise auch mehr.

In der ersten Woche beschäftigst du dich mit deinen körperlichen Wahrnehmungen. »Wozu auf den Körper achten, wenn es um die innere Stimme geht?«, magst du jetzt vielleicht einwenden. Die Antwort ist so einfach wie klar: Weil unser Körper alles widerspiegelt, was in unserem Inneren vorgeht. Seelische Blockaden zeichnen sich auch körperlich ab, sind wahrnehmbar, spürbar.
Trainierte Menschen wie Yogis erkennen die entsprechenden Anzeichen sehr schnell. Andere merken es erst, wenn beispielsweise die Bandscheibe rausgesprungen ist.

Je achtsamer man auf den eigenen Körper hört, ihn wahrnimmt und berücksichtigt, desto leichter wird es, sich selbst, einschließlich der Intuition, wahrzunehmen und damit ein leichteres und freieres Leben zu führen. Beachte, dass du an Tag 6 und 21 einen Partner für die Tagesübung brauchst. Bitte also rechtzeitig jemanden um Unterstützung. Es wird in jedem Fall auch für den/die andere/n spannend werden!

In der zweiten Woche verlagerst du deinen Fokus hin zu deinem Geist. Es geht um das Aufdecken von eigenen Denkmustern, die mitunter auch die Wahrnehmung behindern bzw. sogar verbieten.

Wichtig ist, dass im gesamten Buch ein klarer Praxisbezug besteht. Meine Bücher und Anleitungen sind nicht (nur) für das stille Meditationszimmer gedacht, sondern für das ganze Leben – einschließlich Supermarkt, dem Besuch der Schwiegermutter und dem Toilettengang. So viele Menschen wandern auf »spirituellen Pfaden« und meinen, sie nur dort zu finden, wo Töne einer Klangschale und der Duft von Räucherstäbchen die Atmosphäre durchweben. Das kann sein, muss es aber nicht. Denn meiner Meinung nach gibt es nichts, was nicht spirituell ist, was nicht »heilig« oder »göttlich« ist – die Pfandflasche neben dem Mülleimer eingeschlossen.
Und so zielt dieses Buch darauf ab, dass wir die Intuition nicht nur dann wahrnehmen können, wenn wir auf einem runden Kissen mit der Blume des Lebens darauf sitzt, son-

dern immer und überall. Denn alles, was wir dazu machen, ist gelebte Spiritualität – im besten Sinn.

In der dritten Woche vertiefen wir das bereits Geübte. Den Abschluss bilden die Tage, an denen wir uns der klaren Unterscheidung von Ego und Intuition widmen. Denn wie oft versucht unser Ego, uns etwas als absolut richtig oder genial zu verkaufen, obwohl es nur unsere angstbasierten Muster bedient.
Wer sich für das Thema Ego, und wie man es überwinden kann, näher interessiert, wird auch in meinem Buch »Meine 26 Egos und ich« fündig.

Kann man die Reihenfolge der Übungen vertauschen?

Generell ja. Für den ersten Durchlauf empfehle ich aber, sich an die Reihenfolge zu halten, da die Übungen aufeinander aufbauen.
Danach ergibt es durchaus Sinn, die Übungen, die einem schwerer fallen, gezielt zu wiederholen.

Viel Erfolg bei deinem Weg zu dir selbst!

WOCHE 1:

Wahrnehmung der Körpersignale

TAG 1: Ich spüre mich von Kopf bis Fuß

Diese Übung habe ich als mögliche Meditationsform vor vielen Jahren kennengelernt. Bis heute halte ich sie für äußerst geeignet, um zu lernen, wie man den eigenen Körper besser wahrnehmen kann.

Setz dich aufrecht und entspannt hin. Du solltest dazu in der Lage sein, diese Haltung für etwa 30 Minuten einzunehmen. Viele Menschen möchten gern Musik bei meditativen Übungen hören. Tu das, wenn es dir hilft. Generell empfehle ich dir, dich für eine Sache zu entscheiden: Mu-

sik zu hören oder dich wahrzunehmen. Stelle dir in der ersten Woche ruhig einen Wecker, der dir signalisiert, wann die 30 Minuten vorbei sind. Das bedeutet aber nicht, dass dieses Signal dich kontrollieren soll. Hör auf dich, was dir guttut, und bleib gegebenenfalls länger bei dir.

Schließ deine Augen, und beobachte ein paar Minuten lang deinen Atem. Beobachte ihn einfach, ohne ihn zu beeinflussen. Wie tief strömt er in dich hinein? Wie schnell oder langsam strömt er hinaus? Geht er bis in deine Brust oder bis in deinen Bauch hinein? Lenke nicht, beeinflusse nicht. Sei Beobachter, nicht mehr und nicht weniger.

Dann scanne dich mit deiner inneren Wahrnehmung von oben nach unten, vom Scheitel bis zu den Fußsohlen. Fang oben am Scheitel an. Wie fühlt er sich an? Leicht, frei? Ist da Druck zu spüren oder keiner? Hier gilt ebenfalls: Versuche nicht, etwas Unangenehmes zu ändern. Ärger dich nicht darüber – auch nicht, falls deine Gedanken einmal abschweifen. Komm einfach mit deiner Aufmerksamkeit wieder zurück.
Wandere, wenn du den Scheitel lange genug beobachtet hast, mit deiner Aufmerksamkeit weiter, hin zum Gesicht, zu Augen, Nase, Ohren, Hinterkopf, Zähne, Zunge und Kiefer. Es folgen dann Hals, Nacken, Schultern, Arme,

Hände, Brustkorb, Bauch, oberer, mittlerer, unterer Rücken, Becken, Geschlechtsorgane, Oberschenkel, Knie, Unterschenkel, Füße und Fußsohlen.

Je nachdem, wie viel Zeit und Raum du dir geben magst, erweitere die Übung, mach sie kleinschrittiger. Konzentriere dich beispielsweise anstatt auf beide Füße nur auf den linken Fuß und auf jede einzelne Zehe usw.

Sei Beobachter dessen, was ist – auch deines eventuellen Genervtseins und der Schmerzen vom langen Stillsitzen.

Tag 1

Sei ein Beobachter deines Körpers! Nimm dich von Kopf bis Fuß wahr!

Denn alles, was in deinem Geist ist, ist auch in deinem Körper gespeichert.

TAG 2: Ich spüre mich von Kopf bis Fuß und löse Blockaden auf

Heute wiederholst du die gestrige Übung und erweiterst sie.

Nimm auch heute wieder nur wahr, jedoch mit einer kleinen Ergänzung: Wenn du an deinem Körper eine Stelle bemerkst, die verspannt ist, die juckt, zuckt, drückt usw., dann verweile an diesem Punkt. Beobachte ihn genau (auch wenn dieser Punkt ein schmerzhafter Punkt ist). Mach dir bewusst, dass alles im Leben kommt und geht, auch dieser Druck, Schmerz usw. Wenn du kannst, dann schau einfach zu, und erlebe, was sich verändert, wenn du nur Beobachter bist, ohne zu jammern oder zu verurteilen (zum Beispiel: »Ich hasse diesen blöden Schmerz!«). Lenke deinen Atem, falls dir das Schauen sehr schwerfällt, genau auf diesen Punkt, und lass den Atem in deiner Vorstellung von dort aus wieder ausströmen. Stelle fest, wie sich die Verspannung Atemzug um Atemzug löst. Und beobachte auch dich bei diesem Prozess.

Sei geduldig mit dir, wenn es beim ersten Mal noch nicht so recht klappen will. Übung macht auch hier den Meister. Und man kann alles üben, auch, Geduld mit sich selbst zu haben.

Wenn sich die Blockade gelöst hat und/oder sich etwas bezüglich deiner Wahrnehmung verändert hat, dann wandere an deinem Körper wie gehabt weiter nach unten.

Diese Übung eignet sich besonders dafür, sie auch außerhalb des 21-Tage-Programms immer wieder aufzugreifen. Sie tut gut, schult die eigene Wahrnehmung, kann helfen, Blockaden zu lösen, und unterstützt uns dabei, unser eigener Beobachter zu werden.

Tag 2

Sei ein Beobachter deines Körpers! Nimm dich von Kopf bis Fuß wahr!
Löse Blockaden mithilfe des Gleichmuts und deines Atems auf!

TAG 3: Mein Empfinden spüren und wahrnehmen

Begib dich in eine aufrechte und entspannte Sitzposition. Beobachte für eine Weile, wie dein Atem in dich ein- und ausströmt.

Nun erinnere dich an eine Situation, in der du dich unwohl gefühlt hast, eine Begegnung, die dich wütend gemacht hat, ein Ereignis, das dich traurig gestimmt hat. Was immer dir als Erstes einfällt: Lass es da sein! Lass es in dir auftauchen und sich ausbreiten.

Konzentriere dich nun voll und ganz auf deinen Körper. Was passiert, wenn du an diese Situation denkst? Wenn du dich daran erinnerst? Achte darauf, gedanklich daraus kein Drama zu machen! Du bist hier und jetzt in diesem Raum auf deinem Sitzplatz. Du bist in der Gegenwart und lässt einfach deine Gedanken in die Vergangenheit reisen. Entscheidend ist deine Wahrnehmung: Was machen diese unangenehmen Gedanken mit deinem Körper? Verkrampft sich dein Magen? Hast du einen Knoten im Hals? Verspürst du ein Ziehen in deinem Unterleib?
Was du auch immer fühlst und registrierst: Lass es da sein! Und mach dir bewusst: Deine Gedanken an das Ereignis lösen diese Symptome aus.

Falls dir nach Schreien zumute sein sollte, dann schrei! Falls die Tränen kommen, lass sie kullern. Und mach dir nachher bewusst: Es waren deine Gedanken, die das alles auf körperlicher und emotionaler Ebene ausgelöst haben!

Gönn dir danach ein paar Minuten Ruhe und Entspannung, bevor du mit dem zweiten Teil der Übung weitermachst.

Denk nun an etwas sehr Schönes, an ein persönliches Highlight in deinem Leben, an einen Moment, in dem du absolut glücklich warst! Ja, es sollte einer dieser Momente sein, den du am liebsten für immer festgehalten hättest.

Spüre nun ebenfalls die Veränderung im Körper. Geht dir das Herz auf? Hast du das Gefühl, über dich hinauszuwachsen? Welcher Teil von dir dehnt sich dabei aus? Wird dein Herz weiter? Wie verändert sich dein Puls?
Sei ganz offen für deine Wahrnehmung, und genieß die Situation. Nimm ganz bewusst wahr, was positive Gedanken/Erinnerungen in dir auslösen und wie sich das anfühlt.

Mach dir am Ende noch einmal ganz bewusst, wie sich unangenehme und angenehme Gedanken auf dein Körperempfinden auswirken!

Tag 3
Sei ein Beobachter deiner Emotionen und der Art und Weise, wie sie auf der Körperebene gespeichert sind!
Sei dir bewusst: Deine Gedanken lösen sie aus!
Dies alles wahrnehmen zu können, wird dir später helfen, den Unterschied zwischen diesen Empfindungen und denen, die dir die Wahrheit über etwas anzeigen, zu spüren.

TAG 4: Finde deinen Wahrheitspunkt!

Um unseren Denkapparat in seine Schranken zu weisen, braucht es dann und wann einfache und wirkungsvolle Tricks. Die Aufmerksamkeit auf etwas Bestimmtes zu lenken, ist einer davon. Wenn unser Verstand damit beschäftigt ist, sich auf etwas zu konzentrieren, können wir in aller Ruhe auf unsere innere Stimme hören.

Heute findest du deinen Wahrheitspunkt. Er wird dir künftig dabei helfen, Entscheidungen leichter und klarer zu fällen. Zunächst gilt es aber, ihn zu entdecken.
Nimm dir für diese Übung so viel Zeit, wie du brauchst. Hetz dich nicht, und genieß es, in dich hineinzuspüren! Schließ deine Augen, und beobachte ein paar Minuten lang deinen Atem. Kontrolliere ihn nicht, verändere ihn nicht. Beobachte ihn einfach. Dann such in dir den einen Punkt, der reine Wahrheit ist. Geh davon aus, dass es irgendwo in dir diesen Punkt gibt – unverfälscht, unberührt von allem anderen um dich herum. Der Punkt, der direkt, unbeeinflusst, rein göttlich ist. Wahrhaftig. Echt.

Nimm dir Zeit, diesen Punkt zu finden. Lokalisiere ihn so genau, wie nur möglich, bis du ihn in dir deutlich wahrnehmen, sehen, fühlen und spüren kannst!

Mach nun folgende Tests, die dir seine Kraft zeigen: Konzentriere dich ganz darauf, wie sich dieser Punkt anfühlt oder wie er sich dir vor deinem inneren Auge zeigt. Vielleicht nimmst du ihn als bestimmte Farbe wahr, dann bist du eher ein visueller Typ. Oder aber du bist ein sensitiver Mensch und fühlst etwas, zum Beispiel Hitze oder einen Schauer auf deiner Haut. Andere wiederum wissen bestimmte Sachen einfach. Sie haben Sätze im Kopf, klare Antworten.

Wie du wahrnimmst, macht letztlich keinen Unterschied, es ist nur ein anderer Zugang. Formulier nun einen Gedanken, der wahr ist. Nimm etwas Einfaches, zum Beispiel:

»Mein Name ist …« Beobachte, wie sich dein Wahrheitspunkt bei diesem Gedanken anfühlt (oder wie er aussieht etc.).

Denk nun an etwas, von dem du weißt, dass es nicht wahr ist, zum Beispiel: »Ich bin 145 Jahre alt.« Spüre, und beobachte nun, was sich verändert. Vielleicht empfindest du den Wahrheitspunkt als enger, unangenehmer. Vielleicht wechselt er seine Farbe, seine Form vor deinem inneren Auge. Die Veränderung kann sehr deutlich oder auch nur minimal sein. Je feiner der Unterschied, desto mehr Training benötigst du, um ihn zu bemerken.

Tag 4

Diese Übung ist sehr wichtig für dein Vorankommen. Dein Wahrheitspunkt wird wie ein treuer Freund sein, der dir künftig bei Entscheidungen aller Art helfen kann.

TAG 5: Üben mit dem Wahrheitspunkt

Der Wahrheitspunkt kann dir im Alltag sehr nützlich sein, wenn es darum geht, Lösungen für dich zu finden! Denn er kennt auf jede deiner Frage die wahrhaftige Antwort.

Heute übst du mit deinem Wahrheitspunkt. Denn ihn einmal gefunden zu haben, ist der erste Schritt in die Richtung, ihn praktisch jederzeit nutzen zu können. Egal, wie leicht oder schwer dir diese Übungen auch fallen mögen: Hab Geduld mit dir!

Um den Verstand bzw. das Ego außen vor zu lassen, machen wir heute sogenannte Blindtests. Dazu schreibst du auf 20 gleich große, weiße Zettelchen jeweils eine Aussage, die wahr, und eine, die unwahr ist. Das solltest du überprüfen können. Beispiele hierfür wären: »Meine Großmutter Anna wurde 1920 geboren.« Oder »Gelb ist meine Lieblingsfarbe.« Verwende einfache, klare Aussagen, nichts Kompliziertes. Wenn du magst, kannst du dir auch von einem Freund solche Sätze aufschreiben lassen. Dann hast du wirklich keine Ahnung, was auf den jeweiligen Zetteln steht.

Misch die Zettel nun verdeckt, und breite sie mit den unbeschriebenen Seiten nach oben vor dir aus. Schließ die

Augen, beobachte deine Atmung, und konzentriere dich auf deinen Wahrheitspunkt. Greif nach einem der Zettel, ohne zu lesen, was darauf steht. Achte darauf, wie sich dein Wahrheitspunkt anfühlt. Empfindest du das Gleiche wie gestern bei wahren Aussagen oder ähnelt es dem Empfinden bei unwahren Aussagen? Fühlt sich dein Wahrheitspunkt frei und locker an, oder verkrampft sich der Punkt, zieht er sich zusammen? Beobachte in aller Ruhe, nimm dir Zeit.

Du kannst jetzt nicht wissen, was auf dem Zettel steht. Doch deine Intuition, dein Unterbewusstsein, kennt die Wahrheit. Öffne deine Augen, sobald du ein eindeutiges Gefühl spürst, und überprüfe das Ergebnis. Sei geduldig

mit dir, wenn es nicht sofort klappen sollte. Halte stattdessen deine Erfahrungen schriftlich für dich fest, sei offen für das, was du empfindest, und übe weiter.

Diese Übung kann später auch außerhalb der Reihe immer wieder durchgeführt werden. Dabei muss es nicht immer um die Themen Wahrheit oder Unwahrheit gehen. Du kannst die Blindtests beispielsweise auch mit Zetteln machen, auf denen Lebensmittel stehen, die du besonders gut oder gar nicht verträgst. Erlebe, was deine innere Stimme dazu sagt, wenn du nicht weißt, was auf den Zetteln steht!

Tag 5

Deinen Wahrheitspunkt einmal lokalisiert zu haben, bedeutet nicht, dass du ihn sofort untrüglich einsetzen kannst. Sei dazu bereit, wieder und wieder zu üben, bis du ganz selbstverständlich deine tiefe innere Wahrheit spüren kannst!

TAG 6: Vertiefende Übung mit dem Wahrheitspunkt

Für diese Übung bittest du eine andere Person, dich zu unterstützen. Ob diese persönlich anwesend ist oder dir am Telefon hilft, spielt keine Rolle.

Dieser Mensch soll sich im Vorfeld Geschichten überlegen, die er dir erzählen kann. Entscheidend ist, dass er den Wahrheitsgehalt überprüfen kann bzw. dass er weiß, ob das Erzählte wahr oder unwahr ist. Es ist nicht wichtig, ob er dabei über seine Ernährungsgewohnheiten spricht, von (vermeintlichen) Anekdoten aus seiner Kindheit berichtet, (wahre oder falsche) Zukunftspläne schildert oder den Besuch bei seiner Großtante zum Besten gibt. Es ist vielmehr maßgeblich, dass du über diese Dinge nicht Bescheid wissen kannst. Denn nur so kannst du dich von deinem Kopf lösen und dich auf deinen Wahrheitspunkt konzentrieren. Fühlt(!) sich das Erzählte richtig oder falsch an? Dein Gefühl ist die allein entscheidende Instanz!

Beobachte, während die Person erzählt, was in deinem Körper geschieht. Wie fühlt er sich insgesamt an? Wie zeigt sich dein Wahrheitspunkt? Bitte ruhig deinen Helfer, dir die gleiche Geschichte noch einmal zu schildern. Es geht nicht darum, in Rekordzeit auf etwas zu reagieren, sondern in dich hineinzuhorchen und zu fühlen, was dir dein Körper dazu zu sagen hat!

Notiere deine Wahrnehmungen, und sprich danach mit deinem Übungspartner darüber. Der Austausch dürfte für euch beide spannend und bereichernd sein!

Bitte deinen Helfer, falls dir die vorherige Übung leichtfällt, dir Fragen zu stellen, auf die er selbst eine Antwort wünscht. Wähle für den Anfang Ja/Nein-Fragen. Solche Fragen könnten beispielsweise sein: »Werde ich im folgenden Monat eine Gehaltserhöhung bekommen?« oder »Ist es gut für mich, dass ich momentan Getreide meide?«

Bitte stelle klar, dass du für die Antworten keine (medizinische) Verantwortung übernimmst. Es kann sich daraus ein schönes Gespräch ergeben, wenn dein Gegenüber auch ein bestimmtes Gefühl im Hinblick auf die Fragestellung hat, dem aber nicht traut. Umso interessanter ist es, was deine Intuition dazu sagt!

Diese Übung kann dir helfen, Vertrauen in deine Wahrnehmung zu entwickeln! Auch hier gilt: Sollte es nicht gleich beim ersten Mal klappen, bedeutet das noch gar nichts. Manchen Menschen fällt es leichter, ihre innere Stimme zu hören. Andere wiederum dürfen sie Schritt für Schritt freilegen. Doch dass auch du eine untrügliche innere Führung hast, steht außer Zweifel!

Tag 6

Mit anderen Menschen zu üben, ist sehr wichtig und unerlässlich. Zum einen schützt es dich vor ständigem Selbstbetrug. Zum anderen ist es eine unglaublich motivierende Erfahrung, andere mit der eigenen Intuition unterstützen zu können!

TAG 7: Spüre deine Zweifel!

Nun hast du dich eine Woche lang täglich auf deine Körperwahrnehmung konzentriert und damit Erfahrungen gesammelt. Bravo! Du bist deiner Selbstwahrnehmung damit ein ganzes Stück nähergekommen!
Heute wenden wir uns einmal dem Zweifler in uns zu, der dir sicherlich in den ersten sechs Tagen schon das ein oder andere Mal begegnet ist.

Dazu wiederholst du die Übung von Tag 1 – heute nun mit dem Schwerpunkt: »Wo spüre ich im Körper meine Zweifel?« Bring dich hierfür zunächst in den gewünschten Entspannungszustand. Dann erinnere dich an Momente (in den vergangenen Tagen), in denen du an deinen eigenen intuitiven Fähigkeiten gezweifelt hast, in denen du gedacht hast: »Ich kann das alles gar nicht wissen!« oder »Andere mögen das ja schaffen, aber ich sicher nicht!« Spüre genau hin, wo du diese Gedanken auf Körperebene wahrnimmst! Wo zieht sich etwas zusammen? Wo wird es enger, unangenehmer? Sticht etwas, pikt etwas? Nimmst du eine Unruhe im Körper wahr?
Wie sich auch immer deine Zweifel zeigen: Lass sie da sein! Wehre dich nicht gegen sie, und sei nicht negativ berührt dadurch, dass sie da sind. Beobachte, lass zu! Dabei atmest du ruhig und gleichmäßig weiter. Sollte deine Atmung

sich verändern, dann beobachte auch das. Versuche nicht, gegenzusteuern.

Beobachte dich so lange, bis es ruhiger in dir wird. Vielleicht kommen auch Erinnerungen an früher hoch. Momente, in denen du auch schon an dir gezweifelt hast – als Kind vor Prüfungen, beim Bewerbungsgespräch, bei der Frage, ob der Zeitpunkt für ein Kind richtig ist, ob du dein Zimmer lieber blau oder gelb streichen sollst. Wie alt, belanglos oder wie wichtig dir diese Erinnerungen auch erscheinen mögen: Lass sie aufsteigen! Gib ihnen Raum! Und schau dir an, warum genau du an dir zweifelst! Was steckt hinter diesen Zweifeln? Lass es zu, lass es gesche-

hen. Falls es allzu anstrengend für dich wird, kannst du selbstverständlich auch die Geistige Welt um Beistand bitten! Sei dir aber bewusst, dass eine Unterstützung dein eigenes Handeln nicht ersetzen kann oder soll.

Schließ ab mit den Gedanken: »Mir steht alles Wissen in jedem Moment zur Verfügung. Mit Leichtigkeit kann ich es jederzeit abrufen.« Sollten bei diesen Gedanken auch wieder Zweifel aufkommen, nimm dir für sie Zeit und Raum. Wiederhole diese Gedanken für dich immer wieder, bis sie in jeder Zelle deines Körpers als neue Wahrheit gespeichert sind.

Tag 7

Zweifel kann man nicht wegreden oder wegschieben. Das ist Selbstbetrug. Lerne, dir selbst gegenüber absolut ehrlich zu sein! Gesteh dir die Ursache und die Art deiner Zweifel ein! Ehrlichkeit ist der Schlüssel dafür, Zweifel auflösen zu können. Sie sind es nämlich, die dir bei der Wahrnehmung deiner Intuition maßgeblich im Weg stehen.

WOCHE 2:

Wahrnehmung des eigenen Geistes und Denkens

TAG 8: Bewusstmachung der eigenen Intuition

In der zweiten Woche geht es darum, deinen Geist und deine Art zu denken besser kennenzulernen. So kannst du Blockaden in diesem Bereich schneller identifizieren und auflösen.

Mache dir heute deine eigene Intuition bewusst. Erinnere dich hierzu an Momente in deinem Leben, in denen du es »besser wusstest«, Momente, in denen du etwas ahntest, ohne es genau benennen zu können oder Gelegenheiten, bei denen dein Bauchgefühl etwas anderes sagte als dein Kopf und du dich danach darüber geärgert hast, auf deinen Verstand gehört zu haben, weil dein Verstand dir eindeutig nicht die dienlichste Lösung gezeigt hatte.

Halte diese Momente schriftlich fest! Sie sind der Beweis dafür, dass du sehr wohl eine vollkommene, funktionierende Intuition besitzt. Halte dich nicht damit auf, zu bedauern, dass du bisher nicht mehr auf deine innere Stimme gehört hast. Mache dir bewusst, dass Prägungen und Muster dafür verantwortlich sind! Erinnere dich gleichzeitig daran, dass dich diese Prägungen nicht zu einem lebenslangen Opfer machen. Du hast in jedem Moment die Chance, dich für dich selbst und für deine innere Stimme zu entscheiden. Ab jetzt!

Sag »Ja!« zu deiner Intuition! Sei dankbar für sie und auch dafür, dass sie sich dir ab sofort klarer präsentieren kann und wird! Dabei ist es wichtig, dass du mit dir selbst, bei aller Entschlossenheit, Geduld hast. Geduld bedeutet auch, das Programm wirklich in 21 Tagen zu absolvieren und nicht übereifrig alles in drei Tagen »abzuarbeiten«.

Nutze heute deine halbe Stunde dafür, dir bewusst zu machen, in welchen Situationen du deine Intuition wahrgenommen hast: Wann bist du ihr gefolgt, und was waren die Ergebnisse? Wann hast du, entgegen deiner inneren Stimme, anders gehandelt, und was kam dabei heraus? Bei der Übung geht es nicht darum, vernichtend über dich zu urteilen, sondern einfach darum, zu beobachten und zu erkennen bzw. zu lernen, nach welchen Mustern du agierst.
Entscheide dich bewusst dafür, ab jetzt (noch viel mehr) auf deinen inneren Kompass zu hören!

Tag 8

Bewusstsein schaffen für das, was du längst bist und kannst! Statt immer nur zu bedauern, was du alles nicht kannst. Lege deinen Fokus auf das, was schon da ist!

TAG 9: Glaubenssätze aufspüren

Auch heute darfst du dich wieder mit deiner Innenwelt auseinandersetzen. Es geht darum, dass du dir klarmachst, dass du deine Intuition nicht erwerben oder erfinden musst. Sie ist da und war es immer schon. Nur: Was hält dich davon ab, sie klar zu hören, sie für dich zu nutzen?

In unserem Bewusstsein, aber vor allen Dingen im Unterbewusstsein schlummern eine Menge Glaubenssätze, die echte Blockaden sind. Von »Es gibt einfach Dinge, die kann der Mensch nicht wissen« über »Meine Intuition ist einfach nicht besonders gut« bis hin zu »Das kann ich einfach nicht!« – die Bandbreite unserer inneren Widerstände ist sehr groß. Oftmals sind wir so von unseren eigenen Wahrheiten überzeugt, dass wir nicht einmal auf die Idee kommen, sie anzuzweifeln! Das sind die Glaubenssätze, die am tiefsten in uns verwurzelt sind.

Und nun? Nimm dir deine halbe Stunde Zeit, und lege ein Blatt Papier sowie einen Stift bereit. Oben schreibst du auf das Blatt: »Ich weiß in jedem Moment zweifelsfrei, was für mich und alle Beteiligten die beste Lösung ist.« Lies dir diesen Satz noch einmal laut vor. Jetzt schreibst du alle »Abers« auf, die dir sofort in den Sinn kommen. Denk sie nicht nur, sondern schreib sie auf! Zum Beispiel: »Aber wie soll das gehen?«, »Das kann ich doch gar nicht«, »Es funktioniert schon, aber doch nicht immer und nicht hundertprozentig.« Versuche, so wenig wie möglich dabei zu denken, und schreib erst einmal ungefiltert auf, was dir alles in den Sinn kommt. Das Geschriebene kannst du auch danach noch genauer unter die Lupe nehmen.

Spüre auch, wie es dir geht, wenn du das glaubst, was auf dem Zettel steht. Notiere dir auch die negativen Gefühle, zum Beispiel, dass du dich klein fühlst, unfähig, hilflos usw. Hör erst auf zu schreiben, wenn du dich »leer« geschrieben hast!

Diese Liste solltest du erweitern, sobald dir ein weiterer angeblicher »Grund« einfällt, warum du deine Intuition nicht klar hören kannst oder nicht das tun kannst, was sie dir rät. Die Liste gilt es, später abzuarbeiten. Für den heutigen Tag reicht es aber aus, dir bewusst zu machen und vor allen Dingen im Hinterkopf zu behalten, dass das, was auf dem Zettel steht, nicht wahr ist. Es ist vielmehr etwas, was dir dein Ego erzählt.[2]

Tag 9

So, wie du dir deiner Zweifel bewusst sein und sie auflösen solltest, so solltest du auch deine hinderlichen Glaubenssätze kennen und loslassen. Sie stehen dir bei der klaren Wahrnehmung deiner inneren Weisheit im Weg.

2 Um dich selbst besser verstehen zu lernen, empfehle ich »Meine 26 Egos und ich«, ebenfalls im Schirner Verlag erschienen. Es enthält viele Tipps, wie du solche Blockaden leichter lösen kannst.

TAG 10: Glaubenssätze auflösen

Um deine Glaubenssätze aufzulösen, nutzen wir die Technik, die du bereits in der ersten Woche mehrfach geübt hast. Alles, was in deinem Geist gespeichert ist, existiert auch auf Körperebene! Das machen wir uns in diesem Fall zunutze.

Die heutige halbe Stunde dient dazu, damit anzufangen, deine Liste von Tag 9 abzuarbeiten. Ja, so ist es. Wenn du dir selbst näherkommen willst, darfst und sollst du an dir arbeiten – zumindest so lange, bis du tatsächlich erkannt hast, dass du bereits bist, was du sein willst. Das bedeutet Arbeit, denn es wachen nur wenige eines Tages erleuchtet auf, so, wie der bekannte spirituelle Lehrer und Autor Eckhart Tolle. Dank der Techniken, die ich seit Jahren erfolgreich anwende, bin ich mir selbst schon ein ganzes Stück nähergekommen. Das geht sehr wohl und auch sehr einfach.

Du wirst heute nicht deine ganze Liste schaffen. Such dir darum zum Üben dein größtes Aber heraus. Streich den Satz ganz bewusst und befriedigt von deiner Liste, wenn du fertig bist. So kannst du deine Erfolge auch sehen! Im Folgenden biete ich dir verschiedene Varianten an, wie du deine Blockaden auflösen kannst. Je öfter du das tust, desto leichter wird es dir fallen!

Zunächst setzt du dich wie gewohnt in eine aufrechte Position. Nimm dir Zeit, deinen Atem zu beobachten, deinen Körper wahrzunehmen. Konzentriere dich ganz auf deinen hinderlichen Glaubenssatz. Denk bewusst an ihn. Spüre in deinen Körper hinein! Wo sitzt der Glaubenssatz? Wie kannst du ihn wahrnehmen? Ist es ein Ziehen, ein Druck? Wird dir übel oder schwindlig? Ist es eine ganz subtile, kaum merkliche Empfindung? Oder handelt es sich dabei um eine eindeutige Reaktion auf körperlicher Ebene? Was passiert, falls du nicht gleich etwas spürst? Wirst du wütend? Ungeduldig? Verzweifelt? Frustriert? Dann hat das jetzt Priorität und letztlich doch mit diesem Glaubenssatz zu tun. Spüre diese Emotion in deinem Körper, beobachte sie, nimm sie wahr, und gib ihr Raum!

Wähle nun zwischen zwei Optionen. Entweder lenkst du deinen Atem bewusst zu der wahrgenommenen Körperstelle und lässt ihn von dort aus wieder entweichen, oder du hüllst die Blockade in weißes Licht und löst sie damit auf. Falls dir Magenta mehr zusagt, kannst du natürlich auch diese oder eine andere für dich geeignete Farbe wählen. Wenn dabei Erinnerungen an früher hochkommen, lass sie aufsteigen, und löse auch sie in dem Licht oder mit dem Atem auf. Ersetze anschließend den negativen Gedanken durch eine positive Umkehrung. Dein alter Glaubenssatz war zum Beispiel: »Ich kann sowieso nie irgendetwas richtig!« Ersetze ihn nach dem Auflösen durch: »Mir gelingt alles mühelos!« Sag dann laut »Ja!« zu diesem neuen Gedanken, und spüre auch hier genau hin, was sich in deinem Körper tut, wenn du diesen Gedanken hegst.

Die Engel um Begleitung und Unterstützung zu bitten, ist natürlich auch immer eine gute Idee. Versuche jedoch nicht, deine Arbeit auf sie abzuwälzen. Alles ist in dir. Es geht an dieser Stelle darum, diese Weisheit zu erlebtem Wissen zu machen!

Tag 10

Bewusstwerdung ist immer der erste Schritt, das Auflösen des Hindernisses der zweite. Das ist etwas, was du wieder und wieder tun darfst und solltest auf deinem Weg. Nicht nur heute!

TAG 11: Verbote auflösen

Man könnte Verbote auch als eine Art Sonderform der Glaubenssätze bezeichnen. Doch sie sind energetisch stärker und bindender. Von daher verdienen sie eine gesonderte Betrachtung.

Was »darfst« du alles nicht, wenn es um deine Intuition geht? Vermutlich wirst du entgegnen, dass du das alles darfst, aber eben nur nicht kannst. Im Unterbewusstsein sind aber oftmals echte Verbote abgespeichert. Sie können ihren Ursprung in diesem Leben haben oder aber in einem anderen. Meist resultieren sie aus Situationen, in

denen man etwas getan und damit eine schlechte Erfahrung gemacht hat.

Erinnere dich einfach einmal an einen Moment, in dem du verzweifelt warst und in dem du dir selbst geschworen(!) hast, etwas Bestimmtes nieee wieder zu tun! Du hast es dir also quasi selbst verboten. In diesem Zusammenhang machen Kinder oft leidvolle Erfahrungen. Ihre Wahrnehmung ist zu dieser Zeit noch um ein Vielfaches klarer. Wenn sie mit dieser übersinnlichen Wahrnehmung auf Ablehnung stoßen, verbieten sie sich diese. Denn welches Kind will schon, dass Mama oder Papa noch einmal so »böse« werden, wenn es aufgrund seiner Intuition etwas »besser weiß«? Kinder wünschen sich ganz instinktiv, dass ihre Eltern bzw. ihre Bezugspersonen sie lieben. Denn diese Liebe ist die Zuwendung, die sie zum Leben brauchen. Merken sie nun, dass ein bestimmtes Verhalten eine Ablehnung bei den Erwachsenen, die sie brauchen, hervorruft, beginnen sie, es zu unterbinden. Dadurch fangen sie an, sich zu verbiegen, um geliebt zu werden und um leben zu können. Mitunter mündet dies eben auch in Verbote (»Ich darf nicht wütend werden, weil meine Mami mich sonst nicht mehr lieb hat!«).

Auflösen kannst du die Verbote auf die gleiche Weise wie die Glaubenssätze. Auch empfiehlt es sich, bei Verboten die Geistige Welt einzuladen und um Unterstützung zu bitten. Verzag nicht, falls es nicht gleich klappen sollte. Es könnte sich um ein sehr starkes Verbot handeln, das anderer Methoden bedarf. Ich habe diesbezüglich schon alles Mögliche erlebt. Die Entscheidung aber ist getroffen, und du wirst in absehbarer Zeit auf Informationen oder Menschen treffen, die dich dann deinem Ziel näher bringen. Beginne zunächst mit der hier angeführten Methode.

Deine Verbote sind dir nicht immer bewusst. Von daher ist es elementar, dass du dir heute die Zeit nimmst, über diese Frage zu meditieren: »Welche Verbote hindern mich daran, meine Intuition klar zu hören und ihr zu folgen?« Lass alles aufsteigen, was sich dir zeigen will. Konzentriere dich dabei auf dein Herz. Auch kannst du über deinen Körper Zugang finden. Welche Körperstellen melden sich bei dieser Frage? Wo pikst etwas, wo ziept es? Spüre diesen Empfindungen nach, und sei offen für das, was sich dir zeigt!

Schließ die Übung ab, indem du dir explizit die Erlaubnis gibst, deine innere Stimme wahrzunehmen und ihr zu folgen – zu deinem und zum höchsten Wohle aller!

Tag 11

Verbote sind hinsichtlich ihrer bindenden Energie deutlich stärker als Glaubenssätze. Sie bedürfen daher gesonderter Aufmerksamkeit. Gerade, weil sie nicht immer leicht zu erkennen sind (Schutzmechanismen des Unterbewusstseins).

TAG 12: Die lieben Konsequenzen

Was wäre die Konsequenz, wenn du in dir einen Flüsterer hättest, der immer genau wüsste, was für dich das Beste ist? Der dir glasklar sagen würde, welche Marschrichtung du einschlagen sollst, um deine Ziele zu erreichen? Du würdest natürlich antworten, du seiest total glücklich.

Wirklich?

Tatsächlich hat die bewusste Wahrnehmung unseres inneren Kompasses enorme Auswirkungen auf unser Leben. Je nachdem, wie viel du schon auf dein Bauchgefühl hörst, werden sie mehr oder weniger drastisch ausfallen.

Tatsache aber ist, dass es in dir auch eine Stimme gibt (oder mehrere), die dir etwas ganz anderes erzählen will. Auf sie hörst du schon lange Zeit. Die Rede ist vom Ego. Dieses komplexe Konstrukt basiert primär auf Angst. Eigentlich meint es ja alles nur gut. Es will dich vor Schmerz und schlechten Erfahrungen bewahren. Doch gut gemeint ist bekanntlich nicht immer gut gemacht. Und wahr ist es auch nicht. Von daher wird es Zeit, dass du dir klar machst, welche Konsequenzen ein Führungswechsel (bei bestimmten Themen) für dich haben könnte. Ist es nicht sogar vielmehr so, dass du bei deinen Herzensthemen im Grunde genau weißt, was der nächste Schritt wäre, du ihn aber scheust?

Ein gutes Beispiel ist das Verlassen des vertrauten Berufes. Die Intuition weiß möglicherweise schon lange, dass man bei diesem Arbeitgeber fehl am Platz ist. Doch die Konsequenzen einer Kündigung fürchtet das Ego wie der Teufel das Weihwasser. Statt dich aber hinter diesen Ängsten zu verschanzen und sie als Ausreden zu benutzen, malst du dir heute in deiner halben Stunde einmal deine Zukunft aus. Wie wäre sie, wenn du konsequent auf deine Impulse hören würdest? Scheue dabei auch nicht vor möglichen Schreckensszenarien zurück! Du kannst beruhigt sein – denn sie finden nur in deinem Kopf statt. Du brauchst Klarheit darüber, was du im Grunde wirklich fürchtest, um die notwendigen Schritte unternehmen zu können!

Tag 12

Oft meinst du, genau zu wissen, was du willst. Doch auf unbewusster Ebene vermeidest du das. Schau deshalb ganz genau hin, und sei grundehrlich zu dir selbst!

TAG 13: Raus in die Praxis!

Heute verbringst du als Training eine halbe Stunde im Supermarkt. Du fragst dich jetzt womöglich: »Wie bitte? Was hat dieser Ort denn mit Intuitionstraining zu tun?« Eine ganze Menge. Es geht für dich darum, nicht nur im stillen Kämmerlein graue Theorie zu üben, sondern deine Intuition im Rahmen deines Alltags zu fördern.

Such dir einen Punkt im Supermarkt in der Nähe des Eingangs. Dort wirst du andere Menschen beobachten bzw. vielmehr ihr Kaufverhalten. Bitte achte darauf, nicht zu starren. Schau dir alles unauffällig und dezent an. Schließlich soll sich niemand unwohl fühlen durch dein Training. Deine Aufgabe ist es, einzelne Personen auszusuchen (bitte lass den Faktor Attraktivität/Sympathie nach Möglichkeit völlig außen vor!) und in dich hineinzuspüren, um zu erfahren, was sie kaufen werden. Dazu konzentrierst du dich auf deinen Wahrheitspunkt.

Nun besteht natürlich die »Gefahr«, dass du dich von erlernten Klischees leiten lässt. Das bedeutet, dass du von der Kleidung, dem Alter usw. auf ein bestimmtes Konsumverhalten schließt. Wichtig ist für dich, dass du dir diese Überlegungen alle bewusst machst. Wie ist dein erster Eindruck von dem Menschen? Wie kommst du zu deiner

Bewertung, die du unmittelbar und automatisch in deinem Inneren abgibst? Beobachte dein Denken, deine Folgerungen, deine Annahmen über andere. Versuche, das mit deiner inneren Wahrnehmung abzugleichen. Sagt dein Gefühl etwas anderes über diesen Menschen und sein Kaufverhalten als dein Kopf? Verändere deine Position schließlich so, dass du am Ende das Kassenband gut im Blick hast. So kannst du überprüfen, ob du recht hattest. Versuche vor allen Dingen, ganz ehrlich zu dir selbst zu sein, und beantworte folgende Fragen: Warum hast du das vorher geglaubt? Kam dieses Wissen aus deiner inneren Quelle der Weisheit heraus oder ist es deinem Verstand entsprungen?

Jeden Tag erfinden wir in unserem Kopf unzählige Geschichten über andere Menschen. Wir verkaufen sie uns als wahr und erfreuen uns an diesen Gedanken oder leiden unter ihnen. Nicht umsonst fragt Byron Katie, die Begründerin der bekannten Problemlösungsmethode »The Work«, wieder und wieder: »Kannst du wirklich wissen, dass das wahr ist?« Deine Intuition aber weiß alles. Lerne, sie wahrzunehmen und sie für dich und andere zu nutzen. Doch merke: Setzt du sie gegen andere oder manipulativ ein, wird das letztlich nur dein eigener Schaden sein. Die Beobachtung im Supermarkt ist aus diesem Grund auch keine Aufforderung oder Anleitung zum Stalking, sondern eine Übungseinheit mit einem erhabenen Ziel, ohne in die Privatsphäre von anderen einzudringen. Deine Absicht zählt!

Tag 13

Es wird Zeit, deine neue Wahrnehmung im Alltag(!) zu erproben. Sei bitte sehr achtsam im Umgang mit anderen Menschen. Das Ziel sollte nicht sein, anderen hinterherzuspionieren, sondern aus reiner Beobachtung Erkenntnisse zu gewinnen. Deine Absicht zählt!

TAG 14: Klarheit schaffen

Herzlichen Glückwunsch! Seit zwei Wochen arbeitest du nun konsequent an dir! Vielleicht hast du das Gefühl, noch nicht wirklich weiter zu sein. Grüß in diesem Fall erst einmal herzlich dein Ego! Eine schöne Geschichte, die es dir da erzählen will. Natürlich bist du schon viel weiter, wie könnte es anders sein? Vielleicht ist dir aber auch bewusst, was du in diesen 14 Tagen alles über dich verstanden hast. Du spürst einen klareren und deutlicheren Zugang zu dir selbst – auch auf Körperebene. Freu dich über jeden deiner Fortschritte, und erkenne ihn an! Klopf dir auf die Schulter dafür, dass du das alles für dich tust und dich so dir selbst näherbringst!

Heute ist es Zeit, das Erlebte Revue passieren zu lassen. Welche Übungen fielen dir sehr leicht? Was forderte dich besonders? Wie hast du auf eventuelle Schwierigkeiten reagiert? Wenn es nicht gleich klappt, wirst du dann traurig? Wütend? Ungeduldig? Neigst du dazu, alles sein zu lassen, nach dem Motto: »Ach, das hilft ja ohnehin alles nichts?« Glaubst du, dir fehle die Begabung? Oder wurde dir deine Angst vor den Konsequenzen bewusst? Vergeht dir die Lust am Weitermachen? Hat im Supermarkt nichts geklappt, und du stellst jetzt alles infrage? Stellst du DICH infrage?

Was immer sich dir im Rahmen dieses 21-Tage-Programms auch zeigt, wie sehr es auch vom Thema abzuweichen scheint: Es gehört dazu! Was für Stolpersteine sich auch immer zeigen mögen, wie schief auch alles zu laufen scheint, wie sinnlos es manchmal wirken mag – all das sind Teile deines ganz persönlichen Prozesses auf dem Weg zu deiner inneren Stimme.

Nur, dass du diesen Programmen nicht mehr machtlos ausgeliefert bist!

Welche Facette deines Egos dich auch aufhalten will – dreh den Spieß einfach um! Halte dein Ego auf, damit es dich nicht länger blockiert.
Setz dich hin, spüre deine Gefühle und deine Gedanken auf körperlicher Ebene, und löse sie auf! Bleib am Ball, wie schwierig es auch scheinbar sein mag. Und wenn es sehr leicht geht, achte darauf, konsequent dranzubleiben.

Vielleicht magst du dir Unterstützung in einer Gruppe holen, indem du die Übungen in einem Seminar vertiefst. Wie auch immer. In diesen 21 Tagen geht es erst einmal um dich und darum, was du mit dir auf diesem Weg erlebst.

Halte heute deine Erfolgserlebnisse und vermeintlichen Nicht-Erfolge schriftlich fest, und löse alles Negative auf, das sich dir beim Aufschreiben zeigt!

Tag 14

Innehalten und sich der eigenen Fortschritte bewusst zu werden, ist ein wichtiger Schritt. Oftmals sind wir so fixiert auf all das, was wir vermeintlich erreichen müssen, dass wir vergessen, was wir schon alles bewerkstelligt haben. Lob dich jetzt selbst dafür, wer du gerade bist und was du schon erreicht hast!

WOCHE 3:

Vertiefend zu dir selbst!

TAG 15: Ohne Wurzeln keine Flügel

Es wird Zeit, dass du dir deine Erdung einmal genauer ansiehst. Viele Menschen, die sich für spirituelle Themen interessieren, haben eine große Neigung dazu, »nach oben zu gehen«. Sie öffnen sich dem Himmlischen, sind von der vermeintlichen Schwere des Erdenlebens eher weniger begeistert. Aus eigener Erfahrung kann ich aber nur sagen: Eine gute Erdung ist das A und O, wenn man auf die Macht und die Kraft der Intuition und auch auf das Wissen der Geistigen Welt zurückgreifen will!

Erdungsübungen gibt es sehr viele. Prinzipiell geht es immer darum, sich der eigenen Verbindung mit der Erde bewusst zu sein, sie zuzulassen und sie wahrzunehmen. Dabei helfen bestimmte Bilder, die man sich vorstellt.

Eine bekannte Übung ist, sich auszumalen, wie es ist, wenn man wie ein Baum mit der Erde fest verwurzelt ist. Nimm dir hierfür wirklich Zeit, setz oder stelle dich aufrecht hin. Die Füße sollten nicht überkreuzt sein, und es ist wichtig, dass die Fußsohlen (idealerweise bist du barfuß) fest auf dem Boden stehen. Stelle dir nun vor, wie aus deinen Füßen heraus Wurzeln in die Erde wachsen – kräftig und stark. Male dir dabei aus, du wärst ein Baum. Dieses

Bild macht dir auch klar, wie wichtig es ist, feste Wurzeln zu haben. Jeder kleine Sturm wäre für einen Baum das Aus, wenn er nur aus dem Teil bestünde, der oberhalb der Erde sichtbar ist. Es ist seine feste Verwurzelung, die ihn standhalten lässt! So ist es auch mit dir in deinem Leben. Nimm dir für diese Übung wirklich Zeit. Visualisiere mit geschlossenen Augen, wie die Wurzeln durch deine Fußsohlen ganz tief in die Erde hineinwachsen und sich weit verzweigen. Mache sie kräftig, und spüre, wie das dich selbst stärkt! Lass dann die Energie von Mutter Erde durch deine Wurzeln in dich aufsteigen und dich erfüllen! Verstärke schließlich die Wirkung dieser Übung durch den Satz: »Ich bin fest verwurzelt mit Mutter Erde.«

Spüre genau hin! Widerstrebt es dir, voll und ganz auf der Erde als Mensch zu sein? Neigst du dazu, eher als Luftikus durch das Leben zu schweben, und weißt du gar nicht so recht, wozu du diese Übung machen sollst? Bist du dem Engelreich sehr zugeneigt und lieber »oben« als hier unten? Dann ist es umso wichtiger, dass du dich regelmäßig erdest! Löse alle hinderlichen Glaubenssätze auf, die mit dem Thema Erdung verbunden sind! Das wird dir helfen, deine Intuition deutlicher zu spüren!

Tag 15

Erdung wird oftmals völlig unterschätzt. Zugänge zu universellem Wissen werden häufig mit einer Anbindung nach oben gleichgesetzt. Dabei sollten wir nicht vergessen, dass wir hier auf dieser Erde sind und es gerade die Verbindung zu ihr ist, die uns stärkt und uns zu uns selbst führen kann!

TAG 16: Raus in die Praxis, Teil 2

Wiederhole heute die Übung von Tag 13! Du kannst wieder in einen Supermarkt gehen oder aber dir ein anderes Übungsfeld aussuchen. Weitere wären etwa Behörden (Welches Geschlecht und Alter hat die nächste Person, die eine Wartemarke ziehen wird?), Boutiquen (Für welche Kleidungsstücke und Farben wird sich der nächste Kunde/die nächste Kundin hier interessieren?) oder auch Buchhandlungen (Wer betritt als nächster Kunde/nächste Kundin den Laden? Für welche Rubrik interessiert er/sie sich?). Bitte, sei immer diskret bei deinen Übungen! Beobachte aus angemessener Distanz, und achte darauf, die Men-

schen nicht anzustarren. Sie könnten sich sonst unwohl fühlen. Achtsamkeit ist also das Gebot!

Tag 16

Eine Übung einmal gemacht zu haben, reicht nicht aus. Sie sollte wiederholt werden. Auch dieses 21-Tage-Programm soll für dich keine einmalige Sache sein, sondern der Anfang eines kontinuierlichen, besseren Wahrnehmens deiner inneren Stimme! Bleib am Ball!

TAG 17: Felder stellen

Du kannst diese Übung entweder mithilfe eines Blindtests für dich selbst oder für eine andere Person machen.

Dazu schreibst du ein Thema wie Geld, Intuition, Selbstzweifel oder Lebensfreude auf einen weißen DIN-A4-Zettel. Dreh ihn mit der Schrift nach unten, und lege ihn an eine für dich stimmige Stelle im Raum. Hüll dich in eine Kugel aus goldenem Licht, und sprich für dich den Satz: »Ich bin in jedem Moment sicher.« Tritt bewusst auf diesen Zettel und damit in das Feld ein.
Verrichte dies in großer Achtsamkeit und mit vollem Bewusstsein. Du betrittst nämlich ein Energiefeld, und du solltest dir im Klaren darüber sein, was du da tust. Lass dann alles in dir aufsteigen: Hitze, Zittern, den Wunsch, dich zu verbiegen, Wissen in deinem Kopf, Emotionen usw. Alles ist als Wahrnehmungsform denkbar. Sprich ungefiltert laut aus, was du wahrnimmst. Falls du die Übung für jemand anders machst, kannst du auch seine Fragen beantworten. Solch eine Frage könnte beispielsweise lauten: »Warum fühlt sich meine Lebensfreude so schwach an? Was kann ich tun, damit sie sich kräftiger und lebendiger anfühlt?« Lass die Antwort aus dem Feld zu dir kommen, und fang nicht an, darüber nachzudenken, was richtig sein könnte.

Tritt im Anschluss in voller Achtsamkeit und mit vollem Bewusstsein wieder aus diesem energetischen Feld heraus! Setz dazu zuerst den linken Fuß auf den Boden vor dem Zettel, und sag laut deinen Vornamen. Dann folgt der rechte Fuß mit einer lauten Nennung deines Nachnamens. Damit bekräftigst du, dass du jetzt wieder in deine eigene Energie eintrittst und die andere hinter dir lässt. Streife die eventuellen Restenergien gründlich ab. Löse schließlich die goldene Lichtkugel mit der Kraft deines Bewusstseins wieder auf.

Tag 17

Diese Übung verlangt absolute Achtsamkeit und hohe Bewusstheit! Wer in Energiefelder eintritt, sollte dies nie »einfach nur so« machen. Gleichzeitig gibt es auch nichts zu fürchten. Verwechsle Demut und Respekt für diese Arbeit nicht mit gebotener Angst. Das sind ganz verschiedene Dinge. Falls du ängstlich wegen dieser Übung bist, dann löse vorher unbedingt deine Ängstlichkeit mithilfe der Übung aus Woche 1 auf!

TAG 18: Achtsamkeitstraining

Wenn du deinen sechsten Sinn klarer wahrnehmen möchtest, solltest du deine fünf anderen Sinne auch klar und deutlich spüren können. Heute kannst du dich darin üben. Idealerweise machst du diese Übung in der freien Natur.

Such dir einen Platz, an dem du die nächsten 30 Minuten gut verbringen kannst. Widme jedem deiner fünf Sinne fünf Minuten. Fang an mit dem Sehsinn, indem du achtsam und konzentriert deine Umgebung anschaust. Was siehst du? Und vor allen Dingen: Bemerkst du etwas, das dir bei einer oberflächlichen Betrachtung vielleicht entgangen wäre? Nimm jedes scheinbar noch so unwichtige Detail wahr, und genieße es, mit deiner Aufmerksamkeit voll und ganz bei der Sache zu sein. Präsent. Mache eine Minute lang Pause.
Schließ danach die Augen, und verfahr mit deinem Hörsinn genauso wie zuvor mit deinem Sehsinn. Achte auf jedes Geräusch, einschließlich der Stille, die immer da ist. Beurteile nicht, bewerte nicht! Kein Geräusch kann dich bei dieser Übung stören. Es ist einfach da, nimm es wahr! Pausiere wieder eine Minute lang.
Lass die Augen geschlossen, und riech fünf Minuten lang ebenso aufmerksam. Es folgt eine einminütige Pause.

Such dir ein Kraut aus, das du kennst, eine Beere oder etwas Ähnliches. Verwende bitte nur etwas, bei dem du absolut sicher bist, dass man es essen kann. Nimm es in den Mund, und achte mit geschlossenen Augen auf jede einzelne Geschmacksnuance!

Solltest du die Übung im Winter machen, dann bring für die Übung etwas von zu Hause mit, zum Beispiel einen Apfel oder eine Rosine.

Nach einer Minute Pause suchst du dir einen Gegenstand aus und schließt wieder die Augen. Befühl nun aufmerksam dieses Objekt für fünf Minuten. Achte auf die Oberflächenstruktur – einfach auf jedes Detail.

Bleib anschließend mit geschlossenen Augen noch einen Moment bei dir. Lass Revue passieren, was dir deine Sinne in dieser halben Stunde alles geboten haben!

Tag 18

Wieso solltest du die Achtsamkeit nach außen lenken, wenn du doch deine innere Stimme hören willst? Weil es keine Trennung gibt! Es gibt kein »draußen« und »drinnen«. Achtsamkeit gegenüber deiner Umwelt und deinem Umfeld ist auch immer Achtsamkeit dir selbst gegenüber!

TAG 19: Ego oder Intuition, Teil 1

Schreib heute drei Wünsche auf einen Zettel. Das können auch Wünsche für andere Personen sein, zum Beispiel für deine Kinder. Nimm dir ruhig Zeit, und sei ehrlich zu dir selbst.

Spüre nun nacheinander in deine drei Wünsche hinein. Wo hat der einzelne Wunsch seinen Ursprung? Warum will ich das? Ist mein Wunsch nach innen oder nach außen gerichtet? Befriedigt er ein Egobedürfnis, oder entspringt er meinem Herzen, der Liebe? Frag dich in diesem Zusammenhang: Würde Gott/die Liebe/das Leben das auch für mich wollen? Würde eine allwissende Macht mich dabei unterstützen? Oder würde sie mir raten, mich nicht weiter darum zu kümmern? Und warum denke ich das?

Wichtig ist, dass du dabei grundehrlich zu dir bist! Überprüfe deine Wünsche und Absichten immer wieder. Auf der einen Seite existiert ein tiefes, inneres Verlangen, das dir den Weg weist, das deiner Intuition entspringt. Dieses Verlangen hält dich auf Kurs, es weist dir die Richtung. Dann gibt es aber auf der anderen Seite auch Egowünsche. Sie dienen meist der kurzfristigen Bedürfnisbefriedigung oder entspringen unserer Angst, unserer Bedürftigkeit. Warum wünscht sich beispielsweise eine Mutter bessere Schulnoten für ihr Kind? Die Gründe können sehr unterschiedlicher Natur sein. Man sollte jedoch immer wieder genau hinsehen und sich fragen: Warum will ich das? Worum geht es mir wirklich?

Wenn du lernen willst, Intuition und Ego zu unterscheiden, ist diese Achtsamkeit und Selbstprüfung unerlässlich.

Tag 19

Deinen Wünschen in ihrem Ursprung auf die Schliche zu kommen, ist ein wichtiger Schritt hin zu dir selbst. Lerne, deine wahren Wünsche zu erkennen, denn diese lassen sich leicht und liebevoll erfüllen!

TAG 20: Ego oder Intuition, Teil 2

Wähle heute ein Herzensziel. Einen Wunsch, der gestern deiner »Egoprüfung« standgehalten hat. Überprüfe mit deinem Wahrheitspunkt, ob er für dich dienlich ist oder ob vielleicht etwas anderes Priorität hat.

Lege nun den nächsten, konkreten Schritt fest, um dein Ziel zu erreichen. Befrage hierzu deine innere Stimme und nicht deinen Verstand. Lege deine Hand auf dein Herz oder deinen Wahrheitspunkt. Konzentriere dich darauf, und stelle laut die Frage: »Was ist mein nächster Schritt?« Die laute Aussprache hilft, die Antwort im Inneren besser zu hören. Der erste Impuls ist entscheidend! Sei offen für das, was kommt, und wehre nicht gleich vom Kopf her wieder ab: »Das geht aber auf keinen Fall!«

Überprüfe diesen Impuls, indem du deinen Wahrheitspunkt fragst: »Ist es richtig, dass das mein mir dienlichster, nächster Schritt in Richtung Glück ist?« Spüre hin, ob sich in dir alles eher weitet oder verengt.

Achte auch darauf, deine Fragen an dich so präzise wie möglich zu stellen! Am Anfang mag es geeigneter sein, Ja/Nein-Fragen zu wählen, später dürfen die Fragen ruhig offener werden. Die Antworten deiner Intuition kommen

auf ganz unterschiedliche Arten zu dir. Manche Menschen sehen Bilder (Achtung: Diese können symbolischer Natur sein, also hinterfrag sie gegebenenfalls!), andere fühlen etwas, wieder andere nehmen Farben oder Temperaturveränderungen wahr. Sei offen dafür, wie auch immer du deine Antworten bekommst!

Tag 20

Spüre den Unterschied! Etwas mit dem Kopf zu wollen, fühlt sich anders an, als es mit dem Herzen zu wünschen!

TAG 21: Ego oder Intuition, Teil 3

Wähle eine Person, die Fragen hat, wie es im Leben weitergehen soll, einen Menschen, der eventuell Entscheidungsschwierigkeiten bei einem Thema hat oder sich bei etwas unsicher ist. Lass diesen Menschen konkrete(!) Fragen an dich richten. Zum Einstieg sind Ja/Nein-Fragen am einfachsten.

Bereite dich vor, indem du dich von Kopf bis Fuß entspannst und dich auf deinen Wahrheitspunkt konzentrierst. Stelle die Frage selbst noch einmal laut, und konzentriere dich dann auf deinen Wahrheitspunkt. Lass aus ihm heraus die Antwort entstehen.

Je weniger gut du den anderen kennst, desto leichter wird es dir fallen, dein Ego außen vor zu lassen. Teile deinem Übungspartner mit, dass du gerade dabei bist, deine Intuition zu schulen, und bitte um ein offenes Feedback. Es wird dir helfen, selbstbewusst zu werden oder auch zu erkennen, wie sehr dein Ego noch mitmischt. Die Arbeit mit anderen ist besonders wertvoll, da die Rückmeldungen meist sehr viel Bestätigung liefern. In dir steckt nämlich viel mehr, als du denkst!

Tag 21

Diese Übung ist der Abschluss deines dreiwöchigen Trainings. Herzlichen Glückwunsch, dass du so konsequent dieses 21-Tage-Programm durchlaufen hast! Halte für dich fest, bei welchen Übungen du besonders erfolgreich warst, und gratuliere dir dazu. Führ dir auch vor Augen, an welchen Stellen du für dich noch weiteren Übungsbedarf siehst. Übungsbedarf heißt nicht, dass du schlecht oder unfähig wärst. Das Intuitionstraining ist nämlich mit dem nötigen Muskeltraining eines Sportlers vergleichbar, der bestimmte Ziele erreichen will. Trainiere also deine geistig-intuitiven Fähigkeiten wie einen Körpermuskel: konsequent, ohne Überanstrengung, mit Freude und zielgerichtet!

Die Reise zu dir selbst

Herzlichen Glückwunsch! Wenn du in diesen drei Wochen konsequent an dir gearbeitet und entsprechend geübt hast, bist du dem Zugang zu deiner Intuition ein ganzes Stück näher gekommen. Jetzt gilt es, am Ball zu bleiben! Deine Wahrnehmungsfähigkeit kannst du nämlich wie einen Muskel trainieren. Ich tue das seit vielen Jahren und habe auch nicht vor, damit aufzuhören. Indem ich in mich hineinhorchen kann, fällt es mir leichter, Antworten auf Fragen zu finden – für mich und andere. Dabei erlebe ich immer wieder, dass ich so Dinge weiß, die ich »eigentlich« gar nicht wissen kann.

Nicht zuletzt kann ich dank meiner Intuition auch Seelentexte für Menschen schreiben, denen ich noch nie begegnet bin.

Vielleicht möchtest du auch in einer Gruppe üben. Dann seien dir meine Online-Webinare und Seminare empfohlen, die ich zu diesen Themen anbiete. Das Angebot findest du auf meiner Homepage:

www.silvia-maria-engl.com.

Solange wir der Illusion unterliegen, in unserem Körper ein von anderen losgelöstes Individuum zu sein, wird das Ego uns sicher immer wieder ein Schnippchen schlagen. Doch davon sollten wir uns nicht unterkriegen lassen. Im Gegenteil. Auch unser Ego ist unser Lehrer. Je öfter du übst, auf deine innere Stimme statt (nur) auf deinen Verstand zu hören, desto klarer wirst du spüren und wahrnehmen können, welche Gedanken wirklich zu dir gehören.

Der Schlüssel zu einem glücklichen Leben in Leichtigkeit und mit Klarheit gegenüber dir und dem, was du willst, ist Vertrauen. Das Vertrauen in dich selbst und deine Fähigkeiten. Auf deiner Reise zu dir selbst wünsche ich dir alles erdenklich Gute!

Alles (ist) Liebe.

Deine Silvia Maria Engl

Über die Autorin

Silvia Maria Engl weiß aus eigener Erfahrung, wie man sich von den Fesseln alter Verhaltensmuster befreien und endlich ein selbstbestimmtes Leben führen kann. Sie hat ein gesichertes Wohlstandsleben hinter sich gelassen, Hülle um Hülle abgestreift und dabei sich selbst gefunden. Als Coach, Trainerin und Lehrerin unterstützt sie heute andere Menschen auf deren Weg in die Freiheit. Dabei stehen im Zentrum ihres Wirkens das Fühlen und die Intuition, der Weg zu Glück und Lebensfreude.

Man kann Silvia Maria Engl persönlich auf Messen, Workshops, Seminaren und auch im Internet bei Webinaren (Onlineseminaren) begegnen, die sie zum Teil kostenfrei für alle anbietet. Näheres zu ihr und ihren Angeboten unter **www.silvia-maria-engl.com.**

Bildnachweis

www.shutterstock.com:

Ornamente: # 132577277 © Irish_design, # 117955945 © Irish_design

S. 9: # 178459079 © Sofi photo, S. 10: # 178068386 © Dudarev Mikhail, S. 14: # 243859654 © Triff, S. 17: # 128068559 © TRL, S. 18: # 208003177 © MNStudio, S. 22: # 188930840 © S_Photo, S. 32: # 204741871 © Pressmaster, S. 38: # 243717649 © Delpixel, S. 41: # 132003974 © tanuha2001, S. 44: # 159554021 © Annette Shaff, S. 47: # 172170602 © mycteria, S. 50: # 252015355 © Zastolskiy Victor, S. 57: # 226272475 © WEILOKE, S. 62: # 166528769 © Syda Productions, S. 69: # 145271383 © hxdbzxy, S. 76: # 214105210 © Noppanun K, S. 78: # 227913877 © oneinchpunch, S. 83: # 110865095 © Luisma Tapia, S. 88: # 219151474 © Suzanne Tucker, S. 92: # 244005319 © Mi Ha

Ebenfalls erschienen im Schirner Verlag

Silvia Maria Engl
Meine 26 Egos und ich
Ein Wegweiser zu mehr Lebensfreude und Selbstverwirklichung

304 Seiten
ISBN 978-3-8434-1161-5

»Du hast doch diese tolle Idee. Die solltest du unbedingt noch heute umsetzen!«, flüstert eine Stimme in unserem Kopf. Da meldet sich allerdings eine weitere lautstark zu Wort, die ganz anderer Meinung ist: »Lass das besser sein. Geh lieber kein Risiko ein«

So zoffen sich zwei unserer Egos munter und fröhlich in unserem Oberstübchen: der »Übereifrige« und der »Sicherheitsfanatiker«. Und sie sind nicht allein – es tummelt sich dort eine ganze Ego-Schar, die unser Leben lenkt. Wir können das Steuer aber wieder selbst in die Hand nehmen! Silvia Maria Engl zeigt uns, wie – mit Informationen zu den einzelnen Egos und vielen einfachen Übungen.